Gesund & schnell

FÜR MUTTER UND KIND

Autorin: Dagmar von Cramm | Fotos: Anke Schütz

INHALT

TIPPS UND EXTRAS

12 GEMEINSAM ESSEN
AB DEM 5. MONAT

28 DAS SCHMECKT BEIDEN
AB DEM 12. MONAT

Das grüne Blatt bei den Rezepten heißt
fleischloser Genuss:
Mit diesem Symbol sind alle vegetarischen
Gerichte gekennzeichnet.

46 GESUNDE KLEINIGKEITEN

COVER-REZEPT

DAS BESTE FÜR MUTTER UND KIND

Es gibt nichts Natürlicheres, als gemeinsam zu essen. Es spart Zeit und bekommt Mutter und Kind. Am besten eignet sich die warme Hauptmahlzeit, mittags oder abends.

Rituale und ein zuverlässiger Rhythmus bei den Mahlzeiten sind die Basis eines gesunden Essverhaltens. Für die Mutter reichen drei Hauptmahlzeiten. Ihr Kind braucht zusätzlich zwei Zwischenmahlzeiten für Wachstum und Energie.
Die Mutter bzw. die Eltern geben diesen Rahmen vor. Gleichzeitig profitieren auch sie davon: Er schützt vor Heißhungerattacken und Naschen. Und das Baby lernt Hunger und Sättigung kennen.

REIF FÜR BEIKOST

Aus medizinischer Sicht verträgt Ihr Baby etwa zu Beginn des 5. Monats etwas anderes als nur Muttermilch – spätestens zu Beginn des 7. Monats sollte es das auch bekommen. Das senkt das Allergierisiko und ergänzt die Nährstoffpalette der Muttermilch z. B. um Eisen. Welches genau der richtige Zeitpunkt ist, signalisiert Ihnen das Verhalten Ihres Kindes. Wenn es Interesse an Ihrem Essen zeigt und etwas davon haben will, wenn es den Mund für den Löffel öffnet und den Brei nicht mehr ausspuckt – dann wird es Zeit für den Brei. Ablehnung heißt übrigens nicht, dass Ihr Baby Brei noch nicht verträgt – es muss sich erst an feste Nahrung gewöhnen. Solange Ihr Kind noch nicht kauen kann, wird das Essen püriert. Je selbstverständlicher Sie den Brei einführen, desto besser. Ab und zu aber braucht ein Kind einen kleinen Anstoß, um Neues anzunehmen. Deshalb ist ein gemeinsames Essen für Sie und Ihr Kind sinnvoll und natürlich.

AB WANN ISST MEIN KIND MIT?

Ab dem 5. Monat kann ein Säugling die erste »Beikost« bekommen. In der Regel ist das der Gemüsebrei mittags. Dafür wird von dem »erwachsenen« Gericht eine Portion fürs Kind (etwa ein Drittel) abgenommen und püriert. Da Salz seine Nieren überfordert und es harte, schwer verdauliche Zutaten noch nicht verträgt, bereiten Sie anschließend Ihre Portion fertig zu. So haben Sie im Nu ein gesundes Essen auf dem Tisch! Nach und nach ersetzen der

Getreide-Obst-Brei nachmittags und Milchbrei abends die Stillmahlzeiten – beides supereinfache Gerichte. Für die Mutter ist morgens ein Müsli prima – und abends durchaus »Abendbrot«.

WAS ÄNDERT SICH AM 1. GEBURTSTAG?
Im Prinzip ist mit 1 Jahr das Verdauungssystem des Babys ausgereift, es kann nun alles mitessen. Aber jedes Kind hat seinen eigenen Rhythmus, deshalb gibt es hier keine starren Altersgrenzen. Die Rezepte im zweiten Kapitel sind fürs gemeinsame Essen gedacht: Die Zutaten sind klein geschnitten, die Gerichte saftig und mild. Morgens und abends gibt's Müsli, Getreidebrei oder eine Brotmahlzeit. Vormittags und nachmittags braucht Ihr Kind noch einen kleinen Snack. Ideen dazu finden Sie im letzten Kapitel – vieles ist Fingerfood, also auch gut für unterwegs geeignet.

ESSEN RUND UMS ABSTILLEN
Ob Sie noch stillen, hat natürlich Folgen fürs Essen: Der Kalorienbedarf kann – je nach Milchmenge – um mehr als 500 kcal pro Tag schwanken. Ich habe für die Mutter 500 bis 600 kcal pro Hauptmahlzeit berechnet; das passt prima für alle, die nicht mehr stillen. Wenn Sie stillen und nicht satt werden oder stark abnehmen, sollten Sie als Nachtisch noch etwas Obst, Joghurt und ein paar Nüsse essen.

WAS KOCHE ICH AM BESTEN?
Sie haben während Schwangerschaft und Stillzeit Substanz verloren, vor allem Eisen, Kalzium, Magnesium, manchmal auch Muskelmasse. Ihr Baby dagegen wächst unglaublich schnell und braucht eine Menge Bausteine. Sie brauchen beide also eine Ernährung mit sehr vielen wertvollen Nährstoffen. Genau das sollte auch die schnelle Küche

bieten. Ganz vorne steht dabei Fisch: Ein- bis zweimal pro Woche sollte er auf dem Speiseplan stehen – am besten fetter Seefisch wie Lachs und Hering. Denn seine Omega-3-Fette sind wichtig für die Gehirnentwicklung. Bei Fleisch bevorzugen Sie mageres Geflügel. Vollmilch und -joghurt sind okay – bei Käse auf einen Fettgehalt unter 50 % i.Tr. achten. Die Basis der Ernährung sollte pflanzlich sein und möglichst ursprünglich, also aus Vollkornmehl, Gemüse, Kartoffeln und Hülsenfrüchten, frisch zubereitet. Je vielseitiger, desto besser. Das tut auch Ihrem Kind gut – es lernt unterschiedliche Geschmäcker und Konsistenzen kennen und lieben. Das ist der beste Schutz vor einer Gewöhnung an »Schlabber-Lutsch-Lebensmittel«, die meist reich an Kalorien und arm an wertvollen Nährstoffen sind. Und in den kleinen Mengen selbst zu kochen braucht nicht viel mehr Zeit, als Fertigprodukte zuzubereiten.

ESSEN LERNEN

Nach dem Saugen ist das Schlucken dran. Ab dem 5. Monat verträgt Ihr Baby nicht nur Muttermilch, sondern auch Beikost. Aber wie beginnt man damit am besten? Soll man klassisch füttern oder das Baby selber essen lassen? Und ab wann?

LÖFFELN ODER FINGERFOOD?

Aus Entwicklungssicht ist es ideal, wenn Sie Ihr Kind stillen und ergänzend füttern, bis es sich selber abstillt. Allerdings kann sich das bis ins zweite Lebensjahr hinziehen. Nicht jede Mutter kann und mag so lange stillen. Außerdem benötigt das Baby ab dem 2. Halbjahr eisenreiche Beikost. Ganz ohne Löffel ist das schwierig. Denn eine harte Möhre, ein Stück Fleisch oder etwas ähnlich Festes kann es noch nicht zerkleinern. Außerdem besteht Erstickungsgefahr durch kleine, feste Lebensmittel. Meist landen dann »nackte« Nudeln, Brezeln, Pommes oder Wurst in Babys Mund. Abgesehen von zu viel Salz, falschem Fett und Acrylamid: Eine vollwertige Mahlzeit mit allen notwendigen Nährstoffen ist das nicht – und Ihr Kind wird davon nicht satt. Das gilt auch, wenn es selbst löffelt: Denn dabei landet das Meiste daneben statt im Mund.

BABY-LED WEANING – DER TREND

Babys begreifen die Welt im wahrsten Sinne des Wortes: Sie greifen alles an und stecken es in den Mund – wenn man sie lässt. Das ist die Idee hinter »BLW«: Danach werden Babys nicht mehr mit Brei und Löffel gefüttert, sondern sie dürfen selber zu Essbarem greifen, wenn sie reif dafür sind. Sie können selbst entscheiden, was in ihren Mund wandert – und stillen sich so allmählich ab. Sie können vom Teller der Eltern naschen und so ein natürliches Essverhalten entwickeln. Das ist das Ideal hinter der Idee – prima, wenn das ganz selbstverständlich parallel zum Löffeln passiert.

AM BESTEN GEMEINSAM

Im ersten Jahr wird noch püriert und gefüttert. Danach darf Ihr Kind das Gleiche essen wie Sie. Schmieren Sie ihm das Brot und schneiden es in Stückchen– essen kann es bald selbst. Dafür sind die Rezepte in Kapitel 3 gedacht. Das Kind wird auch beginnen, mit dem Löffel zu hantieren. Das muss erst einmal geübt werden. Genauso wie aus dem Becher zu trinken. Solange es nur Wasser gibt, ist es kein großes Malheur, wenn etwas danebengeht.

AUF DEN GESCHMACK KOMMEN

Ihr Kind reagiert auf Neues vielleicht kritisch, oder es ist ein Allesesser. Wichtig ist jetzt Vielfalt. Studien ergaben, dass Kleinkinder ein Gericht bis zu 15-mal probieren müssen, bis sie es mögen. Das bedeutet: Geben Sie nicht auf, bieten Sie ein Gericht immer wieder an – und essen Sie selber vielseitig. Ihr Kind merkt genau, was Sie mögen und wie Sie essen.

FLEXIBILITÄT IST ERLAUBT

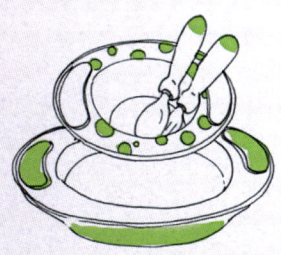

Essen schafft Gemeinsamkeit, von Anfang an. Es ist gut, dass die Regeln für Babys nicht mehr so streng sind. Es darf von Ihrem Teller probieren und auch mal selber zugreifen. Die Rezepte in meinem Buch sind deshalb für Sie beide entwickelt. Denn das Kochbuch soll Ihnen den Alltag erleichtern – und Ihr Kind ans Familienessen heranführen. Wer berufstätig ist, kann die warme Mahlzeit auf den Abend legen. Soll es für zwei Erwachsene reichen, kochen Sie die doppelte Portion. In der Regel isst Ihr Kind langsamer als Sie. Vielleicht schaffen Sie für sich beide Wärmeteller an – dann wird nichts kalt beim Essen und Füttern.

SCHNELL UND DABEI GESUND

Das muss sich nicht ausschließen. Wer gute Lebensmittel verwendet, der kann kaum etwas falsch machen. Und: Normale Küchenhygiene reicht für Ihr Baby.

1 INSTANT-GETREIDE

Vorbehandeltes Getreide hat noch fast alle Nährstoffe und ist in etwa 15 Minuten gar. Wichtig: Die Getreide sollten ungewürzt und aus dem vollen Korn sein. Dann enthalten sie wertvolles Eiweiß, Ballaststoffe, Eisen, Zink, Magnesium und B-Vitamine. Garen Sie Getreide am besten nach der Quellmethode und gießen die Flüssigkeit nicht ab.

2 VORRAT AUS DEM EIS

Tiefkühl-Ware ist da eine gute Alternative zu frischem Gemüse: Erbsen, Blumenkohl, Spinat und Co. sind meist ungewürzt und schmecken besonders gut. Wurzelgemüse dagegen hält auch im Kühlschrank lange und schmeckt frisch zubereitet einfach besser.

3 AUS DOSE UND GLAS

Tomaten sind konserviert besonders gesund: Das Lykopin wird noch besser verfügbar. Aber auch Kichererbsen, Zuckermais und Nussmuse eignen sich für die schnelle Küche, ebenfalls möglichst ungewürzt. Gemüsekonserven enthalten oft bereits Salz – deshalb in diesem Fall die Babyportion bitte nicht zusätzlich würzen.

4 FISCH & FLEISCH

Gerade Fisch tut Ihrem Kind gut, und er gart blitzschnell. Doch wirklich frisch bleibt er höchstens zwei Tage. Pure TK-Filets ohne Gräten sind deshalb eine gute Alternative. Auch Puten- oder Hähnchenbrust lassen sich gut einfrieren. Beides sollte immer durchgegart sein, v. a. Geflügel darf nicht mehr rosig sein. Aber Vorsicht, wenn Fisch und Geflügel zu lange kochen, werden sie trocken. Am besten kurz garen und nachziehen lassen.

5 GUTE FETTE

Weder Babys noch Kleinkinder sollen fettarm essen. Sie brauchen essenzielle Fette, um zu wachsen. Wechseln Sie zwischen Raps-, Nuss-, Soja-, Oliven- und Sonnenblumenöl. Butter ist ab und zu auch okay. Doch Fett in Fertigprodukten, Knabbergebäck und Frittiertem tut Babys nicht so gut.

6 VOLLKORN

Getreidevollkornflocken verträgt Ihr Baby ab dem 5. Monat. Vollkornbrot ist ab 1 Jahr geeignet, wenn es keine ganzen Körner, Saaten oder Nüsse enthält und das Mehl fein vermahlen ist. Zu derb und trocken sollte es nicht sein. Sauerteigbrot, das lange gegangen ist, ist besonders gut verträglich. Zum Kochen und Backen nehmen Sie am besten Vollkornmehl oder Type 1050 (Dinkel oder Weizen).

7 MILCH, JOGHURT & KÄSE

Im 1. Jahr ist Milch auf etwa 200 ml im Brei begrenzt. Gibt es später Brot, darf Käse drauf und Milch dazu getrunken werden. Auch Joghurt als Zwischenmahlzeit ist ab 1 Jahr okay, aber bitte nicht zu süß und nicht zu fett. Vollmilchprodukte mit 3,5 % Fett sind okay, Rohmilchkäse noch nicht.

BEKÖMMLICH ODER NICHT?

Das Verdauungssystem eines Kindes reift im Laufe seiner ersten zwölf Lebensmonate.
Erst dann verträgt es die normale Familienkost.

Aber Vorsicht: Gebäck to go ist zu salzig und zu süß. Reiswaffeln sind verträglicher, enthalten aber wenige wertvolle Nährstoffe. Als Notration sind sie okay. Besser ist ein Stück feines, altbackenes Vollkornbrot. Oder unsere Kekse ab S. 56.

VEGANE LEBENSMITTEL
Soja wird in größeren Mengen für die ersten Jahre nicht empfohlen. Wenn Sie keine Kuhmilch geben wollen, sollten Sie eher ungesüßte pure Mandel- oder Haferdrinks nehmen. Als Fleischersatz werden auch Lupinen- oder Weizeneiweiß eingesetzt. Auch feine Nussmuse aus Mandeln, Cashews oder Sesam (Tahin) sind ein guter Ersatz für Fleisch.

WURST
Kaum ist der erste Zahn da, gibt es eine Scheibe Wurst beim Metzger. Dabei ist Wurst dank Fett, Aromen und Nitritpökelsalz nicht gerade ein Kinderessen, Rohwurst erst recht nicht.

HÜLSENFRÜCHTE
Erbsen sind prima ab 5. Monat. Getrocknete Linsen, Bohnen und Erbsen blähen. Sehr weich gekocht oder püriert bzw. als Mehl oder Nudeln sind sie verträglicher. Fenchelsamen, Kümmel oder Kreuzkümmel unterstützen das. Kichererbsen, rote und gelbe Linsen sind gut bekömmlich.

BREZEL, PIZZA & SCHNECKE
Sie krümeln kaum, tropfen nicht und machen satt. Deshalb werden sie den Kleinsten gerne gegeben.

VORSICHT: KLEIN UND HART!
Die größte Gefahr fürs Kind ist das Einatmen von harten erdnussgroßen Lebensmitteln. Auch rohes, stückiges Gemüse kann gefährlich sein. Gräten sowieso. Und Bonbons erst recht.

SÜSSES
Honig und Ahornsirup sind für Kinder im 1. Jahr ganz tabu! Und wenn sie Süßes so spät wie möglich kennenlernen, haben sie auch kein Verlangen danach.

KINDERLEICHT GEMACHT

In der Kinderküche brauchen Sie keine speziellen Haushaltsgeräte. Wichtig ist ein guter Pürierstab, alles andere haben Sie sicher im Haus.

MULTIREIBEN

Spiralschneider bringen rohes Gemüse in Nudelform: Das ist ideales Fingerfood für Ihr Kind! Juliennereiben machen rohes Obst und Gemüse zu Knabberstäbchen. Gerade für Rohkost werden ja immer nur kleine Mengen zubereitet. Da reichen Handgeräte ganz ohne Elektrik.

PÜRIERSTAB

Ohne ihn geht nichts! Denn er zerkleinert kleinere Mengen fix und fein, auch im Topf. Dazu sollte er mindestens 800 Watt haben. Und einen kleinen Zusatzbehälter – um klitzekleine Kräutermengen zu pürieren. Das gelingt mit großen Geräten nämlich nicht optimal!

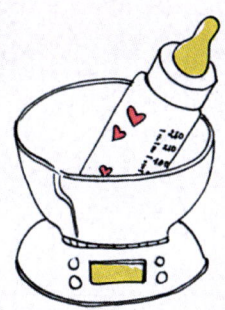

GUTE MESSER

Zum Schälen verwenden Sie am besten einen Sparschäler, für Tomaten ein Messer mit Wellenklinge und zum Kräuterhacken ein Wiegemesser. Um hartes Gemüse klein zu kriegen, ist ein starkes Messer mit breiter Klinge gut. Für anderes Gemüse ein Kochmesser. Vor allem: Ihre Messer regelmäßig zu schärfen spart Zeit bei der Vorbereitung!

WIEGEN UND MESSEN

Gerade am Anfang, wenn Sie beginnen, Beikost zu füttern, isst das Baby ja noch nicht viel. Da hilft eine Waage, die richtigen Mengen für eine Mahlzeit abzumessen, damit auch alles gelingt. Am exaktesten wiegt eine digitale Waage. Sie können aber auch mit einem Löffel messen und auswiegen, wie viel Gramm Getreide, Öl oder Saft hineinpassen und ihn zum Portionieren kleiner Mengen verwenden. Flüssigkeit lässt sich wunderbar mit einem Babyfläschchen abmessen: Genauer geht es nicht!

GEMEINSAM ESSEN VON ANFANG AN

Ab dem 5. Monat Ihres Babys können Sie für sie beide gemeinsam kochen. Das spart viel Zeit, ist gesund und ganz unkompliziert. Fürs Baby nehmen Sie vom fertigen Gericht etwa ein Drittel ab und pürieren es. Ihr Essen wird dann nachgewürzt.

KARTOFFEL-CURRY MIT RINDFLEISCH

Noch kann Ihr Baby nichts Stückiges essen und muss gefüttert werden. Sie genießen Ihr Curry, wenn Ihr Kind zufrieden und satt ist.

300 g Kartoffeln
300 g Möhren
150 g Rindfleisch aus der Ober-
schale
2 EL Rapsöl
1 TL Sojasauce
1 EL Orangensaft
1 TL rote Currypaste
100 ml Kokosmilch
(ca. 18 % Fett)
Salz

Ab 5. Monat | Einfach

Für 1 Kinder- und
1 Erwachsenenportion |
30 Min. Zubereitung
Insgesamt ca. 835 kcal,
44 g EW, 51 g F, 51 g KH

1 Kartoffeln und Möhren waschen, schälen und würfeln. In einen Topf geben und das Fleisch darauflegen. 200 ml Wasser und 1 EL Öl dazugießen. Alles aufkochen und zugedeckt bei mittlerer Hitze ca. 15 Min. garen, bis das Gemüse weich ist.

2 Das Fleisch aus dem Topf nehmen und 20 g fürs Baby abschneiden. Vom Gemüsemix etwa ein Drittel fürs Baby abnehmen. Fleisch und Gemüse fürs Baby in einen Mixbecher geben. Das restliche Fleisch in feine Streifen schneiden, mit Sojasauce mischen und zurück in den Topf geben.

3 Die Babyportion mit 1 EL Öl und dem Orangensaft pürieren, nach Bedarf noch etwas kochendes Wasser dazugeben.

4 Für die Erwachsenenportion die Currypaste in der Kokosmilch anrühren, zum Gemüse und Fleisch in den Topf geben und alles noch einmal erwärmen. Mit Salz abschmecken.

TIPP Dieser Kartoffel-Gemüse-Fleischbrei kann als erste Beikost gefüttert werden. Er sorgt dafür, dass Ihr Kind genug Eisen bekommt. Neigt Ihr Baby zu Verstopfung, ersetzen Sie am besten die Möhren durch Pastinaken. Werden Sie selbst mit fettarmer Kokosmilch nicht satt? Dann verwenden Sie eine mit ca. 18 % Fettanteil, aber bitte ungesüßt.
Statt Rindfleisch können Sie auch Puten- oder Hähnchenschnitzel verwenden. Oder Lachsfilet.

PESTO-FISCH MIT MÖHRENCOUSCOUS

200 g Seelachsfilet | 1 EL Zitronensaft |
1 EL Pesto genovese (Glas) | 300 g Möhren |
2 EL Öl | ½ TL gemahlene Kurkuma | 80 g Couscous | Salz | Pfeffer

Ab 5. Monat | Reich an Jod

Für 1 Kinder- und 1 Erwachsenenportion |
30 Min. Zubereitung
Insgesamt ca. 740 kcal, 51 g EW, 27 g F, 72 g KH

1 Das Fischfilet mit Zitronensaft beträufeln. Circa 50 g Fisch für das Baby abschneiden, das übrige Filet mit dem Pesto bestreichen.

2 Die Möhren waschen, schälen und in dünne Scheiben hobeln oder schneiden. In einem weiten Topf 1 ½ EL Öl erhitzen, Möhren und Kurkuma darin bei mittlerer Hitze andünsten. 150 ml Wasser hinzufügen und aufkochen lassen.

3 Den Couscous zu den Möhren geben, beide Fischfilets darauflegen und alles zugedeckt bei kleiner Hitze 8–10 Min. dünsten.

4 Für das Baby ein Drittel vom Möhren-Couscous abnehmen und mit dem kleinen Stück Fisch und dem restlichen Öl pürieren. Nach Bedarf kochendes Wasser dazugeben.

5 Für die Mutter das Fischfilet auf einen Teller legen. Den Couscous mit Salz und Pfeffer nachwürzen und mit dem Fisch servieren.

TIPP

Saftiger wird es, wenn Sie Naturjoghurt zum Erwachsenenessen reichen.
Jod versorgt die Schilddrüse und beugt einem Kropf vor. Deshalb sollten Sie immer jodiertes Speisesalz benutzen.

LACHS MIT BROKKOLI-REIS UND ORANGEN

80 g parboiled Vollkornreis | 500 g Brokkoli (ca. 250 g Röschen) | 1 Bio-Orange | 200 g Lachsfilet | Salz | Pfeffer | 2 EL Naturjoghurt (3,5 % Fett)

Ab 5. Monat | Gute Fette

Für 1 Kinder- und 1 Erwachsenenportion | 30 Min. Zubereitung
Insgesamt ca. 825 kcal, 57 g EW, 32 g F, 76 g KH

1 Den Reis in einem kleinen Topf mit 180 ml Wasser aufkochen. Inzwischen Brokkoli waschen, Röschen möglichst klein abtrennen, Stängel anderweitig verwenden. Röschen unter den Reis mischen und zugedeckt bei kleiner Hitze weitergaren.

2 Währenddessen die Orange heiß abwaschen, die Schale abreiben, das Weiße bis aufs Fruchtfleisch abschälen. Orange in ca. 0,5 cm dicke Scheiben schneiden, den Saft auffangen. Vom Lachs ca. 50 g abschneiden. Nur das große Stück salzen und pfeffern. Beide Stücke auf den Reismix legen, mit der Hälfte der Orangenscheiben bedecken, zugedeckt fertig garen.

3 Für das Baby ein Drittel vom Brokkoli-Reis abnehmen, mit dem kleinen Stück Fisch, 1 Orangenscheibe und dem -saft cremig pürieren, eventuell etwas kochendes Wasser dazugeben.

4 Für die Mutter die übrigen Orangenscheiben klein schneiden und mit der Orangenschale unter den Joghurt mischen. Den Fisch auf einen Teller legen, den Reis mit Salz würzen. Mit Lachs und Orangen-Joghurt genießen.

BLUMENKOHL-BULGUR MIT SCHWEINEFILET

300 g Blumenkohlröschen | 3 TL Butter |
80 g Bulgur | 150 g Schweinefilet | Salz | Pfeffer |
1 EL Tomatenmark | 2 EL Sahne (ersatzweise
Sojacreme)

Ab 5. Monat | Viel Vitamin C

Für 1 Kinder- und 1 Erwachsenenportion |
25 Min. Zubereitung
Insgesamt ca. 695 kcal, 51 g EW, 24 g F, 64 g KH

1 Blumenkohl waschen, putzen und im Blitzhacker zerkleinern. 200 ml Wasser aufkochen.
1 TL Butter in einem weiten Topf zerlassen und
den Blumenkohl darin kurz andünsten. Bulgur
und Wasser dazugeben und das Ganze bei kleiner
Hitze zugedeckt 10 Min. kochen lassen.

2 Inzwischen das Filet in Streifen schneiden. In
1 TL Butter leicht anbraten, beiseitestellen.

3 Für das Baby je ein Viertel von Bulgur und
Fleisch mit der restlichen Butter pürieren. Eventuell
mit etwas kochendem Wasser verdünnen.

4 Das übrige Fleisch erhitzen, salzen und pfeffern, Tomatenmark dazugeben. Sobald das Fleisch
ansetzt, die Sahne dazugießen. Die Sauce nach
Bedarf mit heißem Wasser verdünnen. Den Blu-
menkohl-Bulgur würzen und dazu reichen.

TIPP

Obwohl Blumenkohl zum Kohlgemüse zählt,
bläht er kaum. Wenn Ihr Kind empfindlich reagiert, können Sie stattdessen auch Sellerie
oder Pastinaken verwenden. Statt Schweine-
filet können Sie auch Putenschnitzel nehmen.

BOUILLONKARTOFFELN MIT KASSELER

300 g Kartoffeln | 300 g Wurzelgemüse (Möhren, Pastinaken, Petersilienwurzel, Rote Bete oder Steckrüben) | 4 TL Butter | 1 Scheibe gegartes Kasseler (ca. 100 g) | ½ Bund Petersilie (ersatzweise 2 EL getrocknete Petersilie) | 20 g Instant-Getreideflocken | 100 ml Vollmilch | Salz | Pfeffer

Ab 5. Monat | Klassiker

Für 1 Kinder- und 1 Erwachsenenportion |
25 Min. Zubereitung
Insgesamt ca. 575 kcal, 18 g EW, 24 g F, 72 g KH

1 Kartoffeln und Gemüse waschen, schälen und in etwa 1,5 cm große Würfel schneiden. 2 TL Butter in einem Topf erhitzen und das Gemüse darin andünsten. 300 ml Wasser dazugießen, aufkochen und das Gemüse in ca. 10 Min. garen.

2 Inzwischen das Kasseler in ähnlich große Stücke wie das Gemüse schneiden. Die Petersilie waschen und die Blätter fein hacken.

3 Die Babyportion mit etwas Gemüsesud abnehmen, in einen kleinen Topf geben. Die Hälfte der Getreideflocken dazugeben und aufkochen lassen. Mit der restlichen Butter pürieren. Nach Bedarf noch etwas Sud dazugeben.

4 Für die Mutter das Fleisch mit Milch und Flocken zum Gemüse geben und aufkochen lassen. Mit Salz, Pfeffer und Petersilie abschmecken.

TIPP

Kasseler ist gepökelt und sehr salzig, deshalb nicht für Babys geeignet. Stattdessen geben die Haferflocken dem Brei wertvolle Nährstoffe wie Eiweiß, Eisen und Zink.

PASTINAKEN-MÖHREN-SUPPE

200 g Möhren | 200 g Pastinaken | 1 Apfel
(ca. 150 g) | 2 EL Salat-Kernmix | 30 g Haferflocken | 30 g Butter | Salz | Pfeffer | gemahlener
Ingwer

Ab 5. Monat | Verdauungsfördernd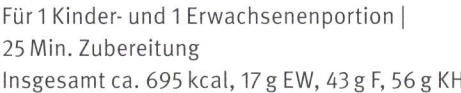

Für 1 Kinder- und 1 Erwachsenenportion |
25 Min. Zubereitung
Insgesamt ca. 695 kcal, 17 g EW, 43 g F, 56 g KH

1 Gemüse und Apfel waschen und trocken reiben,
wenn nötig, schälen. Gemüse in dünne Scheiben,
Apfel ohne Kerngehäuse in Spalten schneiden. Mit
200 ml Wasser zugedeckt in ca. 12 Min. weich kochen. Inzwischen den Kernmix in einer trockenen
Pfanne bei mittlerer Hitze rösten, herausnehmen.

2 Gemüse und Apfel fein pürieren, Flocken und
Butter dazugeben und 3 Min. köcheln lassen. Die
Babyportion abnehmen.

3 Für die Mutter den Rest mit Wasser auf die gewünschte Suppenstärke verdünnen, würzen und
mit Kernmix bestreut servieren.

SPINAT-KARTOFFELCREMESUPPE

2 Eier | 300 g Kartoffeln | 1 kleine Knoblauchzehe | 300 g TK-Spinat, gehackt | 2 EL Öl | Salz |
Pfeffer | Muskatnuss | 1–2 EL Schmand

Ab 5. Monat | Viel Eisen

Für 1 Kinder- und 1 Erwachsenenportion |
25 Min. Zubereitung
Insgesamt ca. 625 kcal, 27 g EW, 40 g F, 39 g KH

1 Eier in ca. 10 Min. hart kochen. Inzwischen Kartoffeln schälen und würfeln. Knoblauch schälen.
Kartoffeln mit Knoblauch in 200 ml Wasser zugedeckt in ca. 15 Min. garen. Den Spinat antauen lassen, die Eier pellen und hacken.

2 Den Spinat zu den Kartoffeln geben und mitkochen, bis er aufgetaut ist. Die Hälfte der Eier und
1 EL Öl dazugeben, alles cremig pürieren. Die Babyportion abnehmen.

3 Für die Mutter den Rest des Pürees mit heißem
Wasser auf die gewünschte Suppenstärke verdünnen, mit den Gewürzen und Schmand abschmecken. Mit dem übrigen Ei bestreuen.

GRIESSSUPPE MIT GEMÜSE

1–2 Möhren (ca. 150 g) | 200 g Petersilienwurzel (ersatzweise Sellerie) | 1 Frühlingszwiebel | 2 EL Öl | 60 g Vollkorngrieß | 150 g Putenschnitzel | 1 Msp. edelsüßes Paprikapulver | Sojasauce

Ab 5. Monat | Eiweißreich

Für 1 Kinder- und 1 Erwachsenenportion | 30 Min. Zubereitung
Insgesamt ca. 650 kcal, 51 g EW, 24 g F, 54 g KH

1 Gemüse und Zwiebel waschen und putzen, wenn nötig, schälen und klein schneiden. Öl in einem Topf erhitzen, den Grieß darin anrösten. Gemüse kurz mitdünsten und 300 ml Wasser dazugießen. Zugedeckt ca. 15 Min. köcheln lassen.

2 Inzwischen das Putenschnitzel mit Paprika bestäuben und in schmale Streifen schneiden. Während der letzten 5 Min. mitgaren.

3 Die Babyportion abnehmen und pürieren. Für die Mutter den Rest auf die gewünschte Suppenstärke verdünnen und mit Sojasauce abschmecken.

TOMATEN-QUINOA-SUPPE

200 g Süßkartoffel | 2 EL Öl | 60 g Quinoa | 200 g stückige Tomaten (ungewürzt, aus der Dose) | 2 EL Tomatenmark | 1 kleiner Zweig Rosmarin | Salz | Pfeffer | 1 EL Sahne | 10 schwarze Oliven (ca. 30 g)

Ab 5. Monat | Gute Fette

Für 1 Kinder- und 1 Erwachsenenportion | 25 Min. Zubereitung
Insgesamt ca. 745 kcal, 15 g EW, 38 g F, 83 g KH

1 Süßkartoffel waschen, schälen und grob raspeln. 1 ½ EL Öl in einem kleinen Topf erhitzen, Raspel darin andünsten, Quinoa und 200 ml Wasser dazugeben. Zugedeckt insgesamt 15 Min. köcheln lassen, dabei Tomaten, Tomatenmark und Rosmarin dazugeben, wenn das Wasser aufgesaugt ist.

2 Sobald die Quinoa weich ist, Rosmarin entfernen, Babyportion abnehmen, mit ½ EL Öl pürieren.

3 Für die Mutter den Rest mit Wasser auf Suppenstärke verdünnen, mit Gewürzen und Sahne abschmecken. Oliven hacken und aufstreuen.

HÄHNCHEN-GEMÜSE-EINTOPF

Auf Vorrat zu kochen lohnt sich immer. Die Mehrzeit sparen Sie beim nächsten Mahl ein.
Der Eintopf reicht für drei Mal.

400 g Kohlrabi mit Grün
400 g Möhren
1 Zwiebel
1 Nelke
1 Lorbeerblatt
400 g Hähnchenbrustfilet
250 g Vollkornnudeln (ersatzweise mittelgroße Perlgraupen)
300 g TK-Erbsen
2 EL Zitronensaft
2 EL Öl
100 g Schmand
Salz | Pfeffer

Ab 5. Monat | Für den Vorrat

Für je 3 Kinder- und
Erwachsenenportionen |
35 Min. Zubereitung
Pro Kind-Erwachsenen-Portion
ca. 670 kcal, 50 g EW,
19 g F, 76 g KH

1 Vom Kohlrabi das Grün abschneiden und beiseitelegen. Das Gemüse waschen, wenn nötig, schälen und in ca. 2 cm große Stücke schneiden. Die Zwiebel schälen, an einer Seite einschneiden und Nelke und Lorbeerblatt hineinstecken.

2 In einem großen Topf 1 l Wasser aufkochen. Fleisch, Gemüse und Zwiebel dazugeben und zugedeckt ca. 10 Min. garen. Die Nudeln dazugeben und 10 Min. weitergaren. Kohlrabigrün hacken und in den letzten 5 Min. mitkochen.

3 Ist das Gemüse weich, Fleisch und Zwiebel aus dem Topf heben. Die Erbsen dazugeben und einmal aufkochen lassen, Zitronensaft hinzufügen.

4 Das Fleisch in Würfel schneiden. Ein knappes Viertel von Fleisch und Gemüsetopf (3 Babyportionen) abnehmen und mit dem Öl pürieren, mit Wasser verdünnen.

5 Den Rest mit Schmand, Salz und Pfeffer abschmecken. Erst vor dem Servieren mit kochendem Wasser verdünnen.

TIPP Im Kühlschrank bleibt auch die Babyportion 1 Tag frisch. Was länger halten soll, einfrieren. Dann beim Erwärmen noch etwas Wasser dazugeben. Die Erwachsenenportion können Sie kochend in ein sauberes Twist-off-Glas füllen, das Glas sofort zuschrauben. Das hält sich gekühlt 4 Tage.
Probieren Sie den Eintopf auch mit Graupen statt mit Nudeln. Die kommen von Anfang an dazu.
Oder nehmen Sie Pastinaken, Kürbis, Breite Bohnen, Zucchini, Paprika, Spargel oder Fenchel.
Kohlrabiblätter enthalten doppelt so viel Vitamin C wie die Knolle. Also das Grün möglichst mitverwenden. Die Stiele waschen und mit der Knolle kochen.

POLENTANOCKEN IN ERBSSAUCE

1 Beutel Fencheltee | 80 g Polenta | 20 g geriebener Parmesan | 40 g Cashewnüsse | 1 EL Butter | 300 g junge TK-Erbsen | 1 EL Orangensaft | 1 TL Öl | Salz | Pfeffer | Muskatnuss

Ab 5. Monat | Verdauungsanregend

Für 1 Kinder- und 1 Erwachsenenportion | 30 Min. Zubereitung
Insgesamt ca. 885 kcal, 36 g EW, 43 g F, 90 g KH

1 250 ml Wasser mit dem Fencheltee aufkochen, Polenta und 10 g Parmesan unterziehen und bei kleiner Hitze kochen lassen. Nach 5 Min. den Teebeutel entfernen, den Topf vom Herd nehmen.

2 Inzwischen die Cashews fein hacken. Die Butter in einem Topf zerlassen, Erbsen darin kurz andünsten. Mit 100 ml Wasser ablöschen und pürieren. Je nach Geschmack noch Flüssigkeit dazugeben.

3 Für das Baby 3–4 EL Polenta mit einem Viertel vom Erbsenpüree, dem Orangensaft und Öl mischen. Eventuell mit etwas Wasser verdünnen.

4 Für die Mutter die Sauce nochmals erhitzen und kräftig mit Salz, Pfeffer und Muskat würzen. Von der Polenta kleine Nocken abstechen, in die Sauce legen und mit übrigem Parmesan überstreuen.

TIPP

Statt Polenta können Sie auch Weizen- oder Dinkelgrieß aus Vollkorn nehmen. Und wenn Sie mehr Zeit haben, können Sie für sich die Polenta auf einer Platte oder einem Brett ca. 2 cm dick ausstreichen und etwas antrocknen lassen. Die Polenta dann in Scheiben schneiden und in einer Pfanne in wenig Fett anbraten.

MANGOLD MIT SESAMKARTOFFELN

300 g Kartoffeln (Drillinge) | 400 g Mangold (rot oder grün) | 2 EL Öl | 1 Knoblauchzehe | 1 EL Tahin (Sesampaste) | 1 EL Instant-Haferflocken | 40 g Sesam | Salz | Pfeffer | Muskatnuss

Ab 5. Monat | Vegan

Für 1 Kinder- und 1 Erwachsenenportion | 35 Min. Zubereitung
Insgesamt ca. 790 kcal, 24 g EW, 54 g F, 50 g KH

1 Die Kartoffeln waschen und in einen Topf legen. So viel Wasser dazugeben, dass sie knapp damit bedeckt sind. Die Kartoffeln zugedeckt bei mittlerer Hitze ca. 15 Min. garen (zum Testen mit einer Gabel anstechen). Inzwischen den Mangold waschen, die Stiele abschneiden und klein würfeln. 1 EL Öl in einer Pfanne erhitzen, die Mangoldstiele darin dünsten. Den Knoblauch schälen, dazupressen und alles zugedeckt ca. 10 Min. garen.

2 Inzwischen die Blätter grob hacken. Zum Stielgemüse geben und zusammenfallen lassen.

3 Die Kartoffeln pellen. Fürs Baby 60–80 g abnehmen und mit einem Viertel von Gemüse, Tahin und Flocken pürieren. Mit kochendem Wasser zu Breistärke verdünnen.

4 1 EL Öl erhitzen, restlichen Sesam darin anrösten. Kartoffeln dazugeben und goldbraun braten. Etwas Wasser und restliches Tahin zum Gemüse geben und alles mit Salz, Pfeffer und Muskat würzen. Mangold zu den Kartoffeln reichen.

TIPP

Wenn Sie Mangold nicht bekommen, nehmen Sie 200 g Fenchel oder Staudensellerie statt der Stiele und 200 g Blattspinat.

STAMPFKARTOFFELN MIT SELLERIE UND WIENER

250 g Kartoffeln | 300 g Knollensellerie |
10 g Getreideflocken (Instant) | 1 EL Öl |
1 EL Orangensaft | 2 Wiener Würstchen (à 60 g) |
2 EL Schmand | Salz | Pfeffer | Muskatnuss

Ab 5. Monat | Mild

Für 1 Kinder- und 1 Erwachsenenportion |
25 Min. Zubereitung
Insgesamt ca. 760 kcal, 22 g EW, 55 g F, 43 g KH

1 Kartoffeln und Sellerie waschen, schälen und in
2 cm große Stücke schneiden. Mit 150 ml Wasser
aufkochen und zugedeckt bei mittlerer Hitze in
ca. 10 Min. weich kochen.

2 Ein Viertel fürs Baby abnehmen, in einen kleinen Topf geben. Flocken unterrühren und noch einmal aufkochen lassen. Eventuell etwas Wasser dazugießen. Mit Öl und Orangensaft pürieren.

3 Für die Mutter die Würstchen in heißem Wasser
ca. 5 Min. ziehen lassen. Das Kartoffelgemüse grob
zerdrücken. Dabei den Schmand dazugeben und
den Stampf kräftig mit Salz, Pfeffer und Muskat
würzen. Zu den Würstchen reichen.

TIPP
Statt Wiener können Sie ein Rührei aus 2 Eiern
braten. Dann geben Sie in die Babyportion statt
Flocken 1 EL ungewürztes Rührei und pürieren
alles. So bekommt Ihr Kind genug Eiweiß.
Statt Sellerie passen auch Pastinaken, Petersi-
lienwurzeln, Kürbis oder Möhren in den Stampf.

BACKFISCH MIT KARTOFFELSTAMPF

250 g Kartoffeln | 300 g junge TK-Erbsen | 150 g weißes Fischfilet (z. B. Kabeljau oder Seelachs) | 1 EL Apfelsaft | 4 TL Butter | 1 EL Zitronensaft | Salz | gemahlene Kurkuma | 80 ml Milch | Pfeffer

Ab 5. Monat | Eiweißreich

Für 1 Kinder- und 1 Erwachsenenportion | 25 Min. Zubereitung
Insgesamt ca. 595 kcal, 47 g EW, 23 g F, 52 g KH

1 Kartoffeln waschen, schälen und in 2 cm große Stücke schneiden. Mit 150 ml Wasser aufkochen und zugedeckt bei mittlerer Hitze ca. 10 Min. garen. Erbsen und 50 g Fischfilet dazugeben, noch 1–2 Min. kochen lassen.

2 Für das Baby den gegarten Fisch und ein Viertel von Kartoffeln und Erbsen abnehmen, mit Saft und 1 TL Butter pürieren. Dabei eventuell noch etwas Wasser dazugeben.

3 Für die Mutter das übrige Fischfilet mit Zitronensaft beträufeln und mit Salz und Kurkuma bestreuen. In der restlichen Butter von beiden Seiten kurz braten.

4 Inzwischen Kartoffeln und Erbsen mit der Milch aufkochen, grob zerstampfen und kräftig würzen. Mit dem Backfisch samt Butter servieren.

TIPP

Statt Fisch können Sie 120 g Riesengarnelen mit Knoblauch braten. Für die Babyportion weglassen und stattdessen 10 g Getreideflocken unterrühren, aufkochen und mit Saft und Butter pürieren (siehe Rezept S. 26).

WAS MAMI SCHMECKT, BEKOMMT DEM KIND

Ab etwa dem 12. Monat kann Ihr Baby schon ein wenig kauen. Ihm bekommt jetzt fast alles, was Sie selber essen. Nun wird das Kochen noch einfacher: Sie brauchen nichts mehr zu trennen und pürieren. Nur würzen sollten Sie behutsam.

ONE-POT-PASTA MIT KÜRBIS

400 g Kürbis | 100 g rote Paprika | 150 g Hähnchenbrustfilet | 1–2 EL Rapsöl | Salz | 1 TL Currypulver | 300 ml Gemüsebrühe | 100 g Hörnchennudeln (Garzeit ca. 8 Min.) | 2 EL Sahne

Viel Karotin

Für 1 Kinder- und 1 Erwachsenenportion |
25 Min. Zubereitung
Insgesamt ca. 860 kcal, 48 g EW, 33 g F, 88 g KH

1 Den Kürbis von Kernen und Fasern befreien, wenn nötig, schälen (das ist bei Hokkaido nicht nötig) und in 1,5 cm große Würfel schneiden. Paprikaschoten vom weißen Inneren und den Kernen befreien, waschen und klein würfeln. Das Fleisch abtupfen und in 1 cm große Würfel schneiden.

2 Öl in einem Topf erhitzen und das Fleisch darin rundherum in 3–4 Min. leicht braun anbraten.

Mit Salz und 1 Prise Currypulver würzen und herausnehmen. Bratensatz in der Pfanne mit der Brühe ablöschen und aufkochen.

3 Kürbis, Paprika, Nudeln und restliches Currypulver dazugeben, nochmal aufkochen. Dann zugedeckt ca. 8 Min. köcheln lassen, bis die Flüssigkeit komplett eingekocht ist und die Nudeln gar sind. Zwischendurch umrühren. Hähnchen und Sahne dazugeben und kurz warm werden lassen.

TIPP

Außerhalb der Kürbissaison können Sie auch anderes Gemüse mit ähnlicher Garzeit verwenden: z. B. Möhren, Süßkartoffeln, Blumenkohl oder Fenchel. Statt Hähnchen passt auch 50 g Halloumi.

GRÜNE ONE-POT-GNOCCHI

300 g TK-Blattspinat (gehackt) | 300 g Gnocchi (siehe Tipp) | 50 g Schmand | 150 g Kirschtomaten | 1 kleine Knoblauchzehe | 1 TL Butter | Salz | Pfeffer | Muskatnuss | 30 g geriebener Käse

Guter Eiweißmix 🌿

Für 1 Kinder- und 1 Erwachsenenportion |
15 Min. Zubereitung
Insgesamt ca. 835 kcal, 32 g EW, 27 g F, 116 g KH

1 Den Spinat in einem Topf zugedeckt bei mittlerer Hitze auftauen lassen. Gnocchi und Schmand dazugeben und mitköcheln lassen.

2 In der Zwischenzeit Tomaten waschen, abtrocknen, halbieren und in den Topf geben. Den Knoblauch schälen und dazudrücken. Den Pot zugedeckt bei kleiner Hitze 3–4 Min garen.

3 Die Butter dazugeben und zerlassen. Alles mit Salz, Pfeffer und Muskat zart würzen. Mit Käse bestreut servieren.

TIPP

Getrocknete Gnocchi oder die aus dem Kühlregal garen gleich lang. Wenn der Spinat gesalzen ist, das Gericht lieber nicht zusätzlich salzen. Statt mit Käse können Sie das Gericht mit gehackten, gerösteten Cashewkernen bestreuen. Sie sollten diese allerdings sehr fein hacken, damit Ihr Kind sich nicht daran verschlucken kann. Oder ziehen Sie statt Kernen die gleiche Menge Cashew-Mus unter das Gericht. Statt Spinatsauce passt auch ein Gemüseragout aus Auberginen, Zucchini und Tomaten.

ONE-POT MIT SÜSSKARTOFFELN

250 g Süßkartoffeln | 1 EL Öl | 1 Msp. gemahlener Kreuzkümmel | 80 g Schnellkoch-Dinkel | 250 ml Möhrensaft (ungesüßt) | Salz | Pfeffer | 1 Packung Mini-Mozzarella (125 g) | ½ Bund Schnittlauch

Viel Karotin 🌿

Für 1 Kinder- und 1 Erwachsenenportion | 25 Min. Zubereitung
Insgesamt ca. 935 kcal, 39 g EW, 38 g F, 112 g KH

1 Die Süßkartoffeln waschen und schälen, in 2 cm große Würfel schneiden. Das Öl in einem Topf erhitzen, Kreuzkümmel darin anrösten, Kartoffeln, Dinkel, Saft sowie etwas Salz und Pfeffer dazugeben. Den Pot aufkochen, umrühren und zugedeckt 12–15 Min. köcheln lassen. Dabei ab und zu umrühren, damit nichts anlegt.

2 Die Mozzarellakugeln abtropfen lassen und je nach Alter des Kindes etwas kleiner schneiden. Zum Pot geben und alles abschmecken. Den Schnittlauch waschen, trocken schütteln und in Röllchen schneiden. Über den Pot streuen.

TIPP

Wenn Sie keinen Möhrensaft zu Hause haben, können Sie auch Wasser oder salzarme Gemüsebrühe verwenden. Mit Tomatensaft statt Möhrensaft und Paprikastreifen statt Süßkartoffeln schmeckt der Pot kräftiger.
Das Öl sorgt dafür, dass das Karotin aus Süßkartoffeln und Möhrensaft besser aufgenommen werden kann.

HIRSOTTO MIT SELLERIE UND FETA

300 g Staudensellerie mit Grün | 300 ml Mandeldrink | 80 g Hirse | 20 g Butter | Pfeffer | Muskatnuss | 100 g Schafskäse (Feta)

Eisenreich 🌿

Für 1 Kinder- und 1 Erwachsenenportion |
25 Min. Zubereitung
Insgesamt ca. 740 kcal, 28 g EW, 42 g F, 61 g KH

1 Sellerie waschen, das Grün abtrennen und für später beiseitelegen. Die Stangen, wenn nötig, entfädeln und in 1 cm dicke Scheiben schneiden.

2 Mandeldrink in einen Topf gießen, mit den Selleriescheiben und der Hirse unter Rühren aufkochen lassen. Hirsotto zugedeckt 10–15 Min. köcheln lassen. Zwischendurch immer wieder umrühren, damit das Ganze nicht anbrennt.

3 Selleriegrün hacken und mit der Butter unter das Hirsotto ziehen. Mit Pfeffer und Muskat würzen. Feta abtropfen lassen und zerkrümeln. Die Hälfte unter das Hirsotto rühren. Hirsotto mit übrigem Feta bestreut servieren.

TIPP

Feta ist recht salzig, deshalb sollten Sie zunächst kein Salz verwenden, sondern das Hirsotto, falls nötig, nachwürzen.

Statt Staudensellerie können Sie auch Fenchel nehmen und statt Feta 150 g gewürfelte Hähnchenbrust. Diese muss allerdings von Anfang an mitkochen.

Am besten trinken Sie zum Essen ein kleines Glas Orangensaft oder Apfelsaftschorle. Durch das darin enthaltene Vitamin C kann das Eisen aus der Hirse besser aufgenommen werden.

KARTOFFEL-KÜRBISSTAMPF MIT FALAFEL

80 g Kichererbsenmehl | je ½ TL gemahlener Kreuzkümmel und Kurkuma | Salz | 2 EL Magerquark | 300 g Kartoffeln (am besten mehligkochende) | 400 g Kürbis | 3 EL Rapsöl | 100 ml Buttermilch | 1 EL Orangensaft | Muskatnuss

Viel Eiweiß 🌿

Für 1 Kinder- und 1 Erwachsenenportion |
30 Min. Zubereitung
Insgesamt ca. 870 kcal, 34 g EW, 36 g F, 99 g KH

1 Kichererbsenmehl mit Kreuzkümmel, Kurkuma und 1 Prise Salz mischen. Mit 120 ml kochendem Wasser überbrühen, mischen und 15 Min. quellen lassen. Dann den Quark einrühren.

2 Inzwischen Kartoffeln und Kürbis waschen und schälen (Hokkaidokürbis muss nicht geschält werden). Den Kürbis von Kernen und Fasern befreien

und mit den Kartoffeln in etwa 3 cm große Stücke schneiden. Mit 100 ml Wasser in einem kleinen Topf zum Kochen bringen und zugedeckt bei mittlerer Hitze ca. 15 Min. garen.

3 Inzwischen in einer beschichteten Pfanne (Ø 26 cm) das Öl erhitzen. Vom Teig mit einem angefeuchteten Löffel kleine Portionen abnehmen, ins Öl setzen und glatt streichen. Bei mittlerer Hitze 2–3 Min. braten, wenden und fertig braten.

4 Buttermilch und Orangensaft zu Kartoffeln und Kürbis geben. Das Gemüse stampfen und nochmal erwärmen. Mit Muskat und etwas Salz würzen.

PUFFER MIT ZUCCHINIHERZ

80 g Vollkornmehl | 1 Ei | Salz | 1 Zucchino
(ca. 250 g) | 2 vorwiegend festkochende Kartof-
feln (ca. 250 g) | 2–3 EL Öl | 2 EL Magerquark |
Pfeffer

Guter Eiweißmix

Für 1 Kinder- und 1 Erwachsenenportion
(ca. 12 Stück) | 20 Min. Zubereitung
Insgesamt ca. 750 kcal, 29 g EW, 34 g F, 84 g KH

1 Mehl und Ei mit etwas Salz verquirlen und kurz
quellen lassen.

2 Zucchino und Kartoffeln waschen. Kartoffeln
schälen und im Blitzhacker zerkleinern. Samt der
entstandenen Flüssigkeit unter den Teig rühren.
Von dem Zucchino 12 etwa 0,5 cm dicke Scheiben
abschneiden. Den Rest ebenfalls hacken und für
den Quark zugedeckt beiseitestellen.

3 In einer breiten Pfanne das Öl erhitzen. 1 EL Teig
in die Pfanne geben, 1 Zucchinischeibe darauflegen und leicht andrücken, sodass sich der Teig darunter gleichmäßig verteilt. Mit 1 EL Teig bedecken.
Nach diesem Prinzip 12 Puffer in die Pfanne setzen
und bei mittlerer Hitze von beiden Seiten in
6–8 Min. goldbraun braten.

4 Den Quark mit den Zucchiniraspeln verrühren,
salzen, pfeffern und zu den Puffern reichen.

TIPP
Statt Zucchini können Sie auch Tomatenschei-
ben im Pufferteig einbacken. Dann auch einen
Tomatenquark oder -salat dazu reichen.

HACKFLEISCH-KOHLRABI-SAUCE

300 g Kohlrabi mit Grün | 1 EL Rapsöl |
100 g Hackfleisch (vom Rind) | Salz | Pfeffer |
2 EL Schmand

Viel Eisen

Für 1 Kinder- und 1 Erwachsenenportion |
30 Min. Zubereitung
Insgesamt ca. 450 kcal, 27 g EW, 34 g F, 9 g KH

1 Kohlrabi waschen. Das Grün abtrennen, die
Blätter grob hacken. Die Knolle schälen, vierteln,
dann in dünne Scheiben hobeln.

2 Öl in einem Topf erhitzen und das Hackfleisch
darin krümelig braten, dabei leicht salzen. Kohlrabi
samt Grün zugeben und kurz mitdünsten.

3 100 ml Wasser dazugießen, aufkochen und zugedeckt 10 Min köcheln lassen. Die Sauce mit
Schmand, Salz und Pfeffer würzen.

TIPP
Dazu passen 100 g Spirelli. Statt Kohlrabi können Sie auch Fenchel verwenden.

ZUCCHINI-MANDEL-SAUCE

300 g Zucchini | 2 Frühlingszwiebeln | 30 g unge-
schälte Mandeln | 2 EL Rapsöl | 2 EL Ziegenfrisch-
käse | Salz | Pfeffer | Muskatnuss

Eiweißreich

Für 1 Kinder- und 1 Erwachsenenportion |
20 Min. Zubereitung
Insgesamt ca. 525 kcal, 18 g EW, 46 g F, 9 g KH

1 Zucchini waschen und grob raspeln. Frühlings-
zwiebeln waschen, putzen und samt Grün in Ringe
schneiden. Die Mandeln grob hacken und in einem
Topf ohne Fett anrösten.

2 Öl dazugeben und die Zwiebeln darin andünsten,
dann Zucchini dazugeben und alles zugedeckt bei
kleiner Hitze ca. 5 Min. dünsten.

3 Sauce mit Ziegenkäse, Salz, Pfeffer und Muskat
würzen, eventuell noch etwas Wasser dazugeben.

TIPP
Dazu passen 100 g kurze Pasta wie Hörnchen. Mit
etwas frischem Thymian wird's noch würziger.

PILZ-SAUCE MIT SOJASCHROT

30 g Sojaschnetzel (fein) | Sojasauce |
½ TL Kräuter der Provence | 300 g Champignons | 2 EL Öl | 50 ml Sojacreme | 5 Stängel Petersilie | 1–2 TL Zitronensaft

Vegan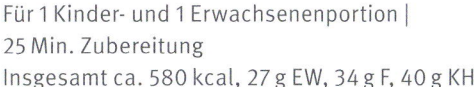

Für 1 Kinder- und 1 Erwachsenenportion |
20 Min. Zubereitung
Insgesamt ca. 420 kcal, 25 g EW, 31 g F, 10 g KH

1 Sojaschnetzel mit 1 EL Sojasauce und Kräutern mischen. Mit 80 ml kochendem Wasser überbrühen und ca. 5 Min. quellen lassen.

2 Währenddessen die Pilze mit Küchenpapier sauber abreiben. Die Stiele nachschneiden und die Pilze klein hacken.

3 Öl erhitzen und Pilze, Sojaschnetzel samt Brühe sowie Sojacreme dazugeben. Bei mittlerer Hitze offen 3–4 Min kochen lassen. Petersilie waschen, trocken schütteln und hacken. Die Sauce mit Zitronensaft und Sojasauce abschmecken, die Petersilie untermischen.

LINSEN-WALNUSS-SAUCE

30 g Walnusskerne | 1 EL Öl | 50 g rote Linsen |
300 g passierte Tomaten | ½ TL getrockneter Oregano | Salz | Pfeffer | 15 g geriebener Parmesan

Viele Ballaststoffe

Für 1 Kinder- und 1 Erwachsenenportion |
25 Min. Zubereitung
Insgesamt ca. 580 kcal, 27 g EW, 34 g F, 40 g KH

1 Walnüsse hacken und im Öl kurz anbraten. Linsen und 100 ml Wasser dazugeben, alles zugedeckt 5 Min. kochen.

2 Tomaten dazugeben, offen, mit Spritzschutz, ca. 10 Min. köcheln, bis die Linsen weich sind.

3 Die Sauce mit Oregano, wenig Salz und Pfeffer würzen und zu Nudeln servieren. Das Gericht nach Belieben mit Parmesan bestreuen.

TIPP
Wer es etwas milder mag, kann die Sauce mit 1 EL Sahne verfeinern.

SÜSSKARTOFFELPOMMES MIT TOMATENSAUCE

450 g Süßkartoffeln | 3 EL Öl | Salz | Pfeffer | je ½ TL edelsüßes Paprikapulver und getrockneter Thymian | 1 kleine Zwiebel | 1 kleine Knoblauchzehe (nach Belieben) | 1 Dose stückige Tomaten (400 g) | 4–5 Blätter frisches Basilikum | 15 g geriebener Parmesan

Fingerfood 🌿

Für 1 Kinder- und 1 Erwachsenenportion | 20 Min. Zubereitung
Insgesamt ca. 800 kcal, 16 g EW, 37 g F, 99 g KH

1 Backofen auf 220° vorheizen. Ein Backblech mit Backpapier belegen. Süßkartoffeln gründlich waschen und mit Schale in schmale, etwa 1,5 cm dicke Stifte schneiden. 2 EL Öl und Gewürze in eine Schüssel geben und die Süßkartoffeln darin wälzen. Die Stifte auf dem Blech verteilen und im Ofen in 12–15 Min. garen.

2 Inzwischen die Zwiebel schälen und hacken. In einer kleinen Pfanne das übrige Öl erhitzen und die Zwiebel darin glasig dünsten. Knoblauch schälen und dazupressen. Tomaten und 100 ml Wasser dazugießen. Die Sauce mit Spritzschutz abdecken und in ca. 5 Min. einkochen lassen.

3 Basilikum waschen und fein hacken. Die Tomatensauce mit Salz, Pfeffer und Basilikum abschmecken. Sauce mit Parmesan bestreuen und zu den Pommes servieren.

TIPP

Statt Süßkartoffeln können Sie Kürbis oder Kartoffeln verwenden. Übrige Sticks schmecken auch kalt als Fingerfood.

OFENZUCCHINI MIT HAUBE

70 g feine Polenta | 100 g Frischkäse | 2 EL To-
matenpesto (aus dem Glas) | 2 EL Tomaten-
mark | Salz | Pfeffer | 400 g dicke Zucchini

Fingerfood 🌿

Für 1 Kinder- und 1 Erwachsenenportion |
20 Min. Zubereitung
Insgesamt ca. 620 kcal, 29 g EW, 25 g F, 69 g KH

1 Die Polenta mit Frischkäse, Pesto und Tomatenmark mischen, pfeffern und salzen.

2 Den Backofen auf 200° vorheizen. Das Blech
mit Backpapier belegen. Die Zucchini waschen und
in ca. 2 cm dicke Scheiben schneiden.

3 Die Polenta-Frischkäsemasse auf die Zucchi-
nischeiben streichen und diese auf dem vorberei-
teten Backblech verteilen. Die Zucchini im Ofen

ca. 15 Min. überbacken, bis die Haube goldbraun
ist. Die Zucchini schmecken warm und kalt.

TIPP
Sie können die Zucchini auch längs statt quer
aufschneiden, dann geht das Belegen schneller. Um sie dann als Fingerfood essen zu können, schneiden Sie die gebackenen Scheiben
einfach in fingergerechte Stücke.
Ins Topping können Sie statt der Polenta auch
70 g Getreideflocken geben.

GLASNUDELN MIT LACHS UND CHINAKOHL

300 g Chinakohl | 150 g Lachsfilet | 1 Stück frischer Ingwer (1 cm) | 100 g Glasnudeln | 1 EL Öl | Sojasauce

Eiweißreich

Für 1 Kinder- und 1 Erwachsenenportion |
25 Min. Zubereitung
Insgesamt ca. 780 kcal, 32 g EW, 32 g F, 89 g KH

1 Circa 1 l Wasser aufkochen lassen. Inzwischen den Chinakohl waschen und ohne den Strunk in 2 cm große Stücke schneiden. In einem Sieb abtropfen lassen. Den Lachs abtupfen und in 1 cm große Würfel schneiden. Den Ingwer schälen.

2 Die Glasnudeln in einer Schüssel mit dem kochenden Wasser überbrühen, sodass sie damit bedeckt sind. Nudeln nach ca. 2 Min. abgießen und mit einer Küchenschere klein schneiden.

3 Öl in einer Pfanne oder im Wok erhitzen und den Chinakohl darin von allen Seiten rührbraten. Dabei den Ingwer durch eine Knoblauchpresse dazudrücken und mitbraten.

4 Nudeln und Lachs dazugeben und zugedeckt bei kleiner Hitze 2–3 Min. ziehen lassen, bis der Lachs gar ist. Mit etwas Sojasauce abschmecken.

TIPP

Die meisten Kinder lieben die geschmacklosen Glasnudeln. Sie bestehen aus Stärke und sind als schnelle Ergänzung zu Gemüse gut geeignet. Da sie endlos lang sind, nach dem Quellen mit einer Schere in mundgerechte Stücke teilen. Statt Glasnudeln passen auch Mie-Nudeln und statt Chinakohl Blattspinat oder Pak Choi.

KICHERERBSEN-CURRY MIT MIE-NUDELN

1 rote Paprika | 100 g Kichererbsen (aus der Dose) | 1 EL Öl | ½ TL mildes Currypulver | 100 ml Kokosmilch | 100 g Mie-Nudeln | 100 g Krabben (gegart, aus dem Kühlregal) | Sojasauce

Verdauungsfördernd

Für 1 Kinder- und 1 Erwachsenenportion | 20 Min. Zubereitung
Insgesamt ca. 820 kcal, 41 g EW, 33 g F, 88 g KH

1 Paprika halbieren, von weißen Trennwänden und Kernen befreien, waschen und in 1,5 cm große Würfel schneiden. Kichererbsen abtropfen lassen.

2 Öl in einer breiten Pfanne oder im Wok erhitzen. Paprika darin mit dem Curry bei mittlerer Hitze ca. 4 Min. rührbraten. 100 ml Wasser und Kokosmilch dazugießen.

3 Alles aufkochen lassen, Mie-Nudeln, Krabben und Kichererbsen dazugeben. Zugedeckt bei kleiner Hitze 3–4 Min ziehen lassen. Mit Sojasauce abschmecken. Falls nötig, noch etwas kochendes Wasser dazugießen.

TIPP

Da die Kichererbsen und die Nudeln salzig sind, reicht Sojasauce als Würze.
Sie können statt der Krabben auch 100 g Puten- oder Hühnchenbrustfilet verwenden. Mit 80 g Tofu wird's vegan. Das Gemüse können Sie durch andere Sorten wie geraspelte Möhren oder gewürfelte Zucchini ersetzen.

PFANNKUCHEN

2 Eier | 125 ml Milch | 80 g Mehl (Type 1050) |
Salz | 3 TL Butter oder Öl zum Braten

Klassiker 🌿

Für 3 Pfannkuchen | 15 Min. Zubereitung
Pro Stück ca. 105 kcal, 9 g EW, 10 g F, 30 g KH

1 Die Eier mit Milch, Mehl und 1 Prise Salz zu einem glatten Teig rühren.

2 1 TL Butter in einer Pfanne (26 cm Ø) erhitzen
und ein Drittel des Teiges hineinschöpfen. Zugedeckt bei mittlerer Hitze ca. 2 Min. backen. Pfannkuchen wenden und zugedeckt in 1–2 Min. fertig
backen. Die anderen Pfannkuchen ebenso backen.

3 Die Pfannkuchen mit Fruchtaufstrich oder Veg-
gie-Brotaufstrich auftischen.

TIPP
Der Teig hält sich im Kühlschrank 1–2 Tage.
Dann vor dem Backen gegebenenfalls noch et-
was Milch unterrühren.

MÖHREN-KÄSE-SCHMAUS

Grundzutaten für Pfannkuchen (siehe links) |
300 g zarte Möhren | 30 g geriebener Käse |
2–3 EL Orangensaft | 2 EL Magerquark | Salz |
Pfeffer

Beta-Carotinreich 🌿

Für 3 Pfannkuchen | 30 Min. Zubereitung
Pro Stück ca. 275 kcal, 15 g EW, 13 g F, 25 g KH

1 Den Pfannkuchenteig nach dem Grundrezept
zubereiten. Die Möhren waschen und raspeln, zwei
Drittel unter den Teig ziehen.

2 Die Pfannkuchen wie beschrieben backen.
Pfannkuchen nach dem Wenden mit Käse bestreuen und diesen schmelzen lassen.

3 Den Quark mit Saft anrühren und mit den restlichen Möhren mischen, leicht würzen und zu den
Pfannkuchen reichen.

TIPP
Mit 1 TL Zimtpulver im Teig werden die Pfannkuchen winterlich-würzig.

BRATAPFEL-PFANNKUCHEN

Grundzutaten für Pfannkuchen (siehe S. 42) |
1 TL Zimtpulver | 2 kleine Äpfel (ca. 250 g) |
3 TL Ahornsirup

Schmeckt immer

Für 3 Pfannkuchen | 25 Min. Zubereitung
Pro Stück ca. 245 kcal, 9 g EW, 10 g F, 30 g KH

1 Den Teig wie im Grundrezept beschrieben zubereiten, dabei den Zimt unterrühren.

2 Die Äpfel waschen, abtrocknen und vierteln.
Viertel entkernen und in dünne Spalten schneiden.

3 Die Butter erhitzen, Apfelspalten hineinlegen
und ein Drittel des Teiges darüberschöpfen. Zugedeckt backen, dann vorsichtig wenden und fertig
backen. Die restlichen Pfannkuchen ebenso backen. Mit Ahornsirup beträufelt servieren.

TIPP
Gehaltvoller wird der Pfannkuchen mit 30 g gemahlenen Nüssen im Teig.

SCHOKO-BANANEN-PFANNKUCHEN

Grundzutaten für Pfannkuchen (siehe S. 42) |
1 TL Kakaopulver | ½ TL gemahlene Vanille |
1 große Banane

Sattmacher

Für 3 Pfannkuchen | 20 Min. Zubereitung
Pro Stück ca. 250 kcal, 10 g EW, 10 g F, 29 g KH

1 Den Teig wie im Grundrezept beschrieben zubereiten, dabei Kakaopulver und Vanille einrühren.

2 Die Banane schälen und in etwa 1 cm dicke
Scheiben schneiden.

3 Die Butter in einer Pfanne erhitzen, ein Drittel
der Bananenscheiben hineinlegen. Ein Drittel vom
Teig darüberschöpfen und den Pfannkuchen von
beiden Seitenausbacken. Die zwei weiteren Pfannkuchen ebenso zubereiten.

TIPP
Carobpulver statt Kakao schmeckt milder.

GRIESSSCHMARRN MIT MANDARINEN

2 Eier | 1 EL Honig | 100 g Magerquark | 75 g Voll-
korngrieß | 50 g Weizenmehl (Type 1050) |
100 ml Milch | Salz | 1–2 TL Butter | 2–3 Manda-
rinen (siehe Tipp) | 1 EL Sesam | 1 EL Puderzu-
cker (ersatzweise Ahornsirup)

Reich an Ballaststoffen

Für 1 Kinder- und 1 Erwachsenenportion |
25 Min. Zubereitung
Insgesamt ca. 1020 kcal, 49 g EW, 35 g F,
123 g KH

1 Die Eier trennen. Eigelbe mit Honig und Quark
glatt rühren. Grieß mit Mehl mischen und abwech-
selnd mit der Milch der Eier-Quark-Masse geben.
10 Min. quellen lassen.

2 Eiweiße mit 1 Prise Salz steif schlagen und unter den Teig heben. Die Mandarinen schälen und in
die Spalten teilen. Die Butter in einer Pfanne
(∅ 26 cm) zerlassen, Sesam aufstreuen und den
Teig darüberschöpfen. Die Mandarinenspalten darin verteilen und die Masse zugedeckt bei kleiner
Hitze in ca. 5 Min. stocken lassen.

3 Die Masse mit zwei Pfannenwendern in Stücke
teilen, diese wenden und rundherum knusprig braten. Dabei eventuell noch etwas Butter dazugeben.
Mit Puderzucker bestäubt servieren.

TIPP

Im Sommer passen statt Mandarinen Pfirsich-
oder Aprikosenspalten. Statt Grieß können Sie
auch Couscous in den Schmarrn rühren. Mit
1 TL Kakaopulver zusätzlich wird der Schmarrn
schön schokoladig.

KOKOS-MANGO-MILCHREIS

1 Vanilleschote | 400 ml Mandeldrink | 100 g Risotto-Reis | 20 g Kokosmus (aus dem Glas) | ½ Mango (250–300 g Fruchtfleisch)

Vegan

Für 1 Kinder- und 1 Erwachsenenportion | 25 Min. Zubereitung
Insgesamt ca. 720 kcal, 12 g EW, 21 g F, 119 g KH

1 Die Vanilleschote längs aufschlitzen und das Mark herauskratzen. Den Mandeldrink in einem kleinen Topf aufkochen. Reis mit Vanillemark dazugeben und zugedeckt bei kleiner Hitze ca. 15 Min. quellen lassen. Zwischendurch umrühren. Sobald der Reis weich ist, das Kokosmus einrühren.

2 Während der Reis gart, die Mango mit einem Sparschäler schälen. Das Fruchtfleisch vom Kern schneiden und mit dem Pürierstab zu einem feinen Mus verarbeiten. Den fertigen Milchreis mit der Mangosauce begießen und servieren.

TIPP

Statt Mandelmilch können Sie natürlich auch Kuhmilch verwenden.
Das Kokosmus mit seinem Eiweiß und Fett sorgt dafür, dass alle satt werden. Sie können es durch ein anderes Nussmus ersetzen oder auch ganz weglassen.

KLEINIGKEITEN FÜR ZWISCHENDURCH

Gegen Ende des 1. Jahres braucht Ihr Kind noch zwei Zwischenmahlzeiten.
Obst und Getreide ersetzen jetzt die Breie. Für unterwegs ist gesundes Gebäck ideal.
Für zu Hause finden Sie Blitzrezepte wie Waffeln oder Toasts.

POLENTAWÜRFEL

100 g Süßkartoffeln | 20 g getrocknete Tomaten
(nicht in Öl eingelegt) | 250 ml Milch | ½ TL Salz |
100 g Polenta | 30 g geriebener Parmesan

Für unterwegs 🌿

Für 40 Stück | 25 Min. Zubereitung
Pro Stück ca. 15 kcal, 1 g EW, 0 g F, 2 g KH

1 Süßkartoffeln waschen, schälen und grob raspeln. Getrocknete Tomaten hacken.

2 Die Milch aufkochen, Süßkartoffelraspel und
Tomatenwürfel unterrühren und bei kleiner Hitze
ca. 5 Min. kochen lassen. Dann Salz und die Polenta
dazugeben. Das Ganze ohne Hitzezufuhr noch
5 Min. quellen lassen.

3 Die Polenta mit dem Parmesan mischen und in
eine rechteckige Form (ca. 20 × 20 cm) gießen. Polenta mit dem Rücken eines angefeuchteten Löffels
glatt streichen und erkalten lassen. Zum Servieren
die Polenta in mundgerechte Würfel schneiden
und aus der Form nehmen.

TIPP

Sie können bei der Zubereitung der Polenta die
Süßkartoffeln weglassen, oder den Parmesan
oder die Tomaten. Auch pur, ohne weitere Zutaten, lassen sich die Polentawürfel zubereiten.
Statt der Kuhmilch können Sie auch Mandeldrink nehmen.

APFEL-MÖHREN-RÖLLCHEN

100 g Möhren | 100 g säuerlicher Apfel | 50 g Cashewnüsse | 1 Prise gemahlene Vanille | 1 runder Filoteig von 45 cm ⌀ (ca. 100 g) | 3 EL Milch | 1 EL Öl

Knusperspaß 🌿

Für ca. 12 Stück | 20 Min. Zubereitung | 25 Min. Backen
Pro Stück ca. 70 kcal, 1 g EW, 5 g F, 5 g KH

1 Backofen auf 180° vorheizen. Backblech mit Backpapier belegen. Möhren und Apfel waschen. Möhre putzen, den Apfel vierteln und entkernen. Beides mit den Cashewnüssen im Blitzhacker fein zerkleinern. Mit Vanille würzen.

2 Den Filoteig ausbreiten und mit einer Schere in 12 Tortenstücke (eckigen Teig in 12 Rechtecke) teilen. Milch mit Öl mischen und die Teigstücke mit der Hälfte einstreichen. Die Füllung auf der breiten Basis der Teigdreiecke verteilen und diese zur Spitze hin aufrollen.

3 Die Röllchen auf dem Backblech verteilen. Nochmals mit der übrigen Öl-Milch-Mischung bestreichen und im Ofen in ca. 25 Min. goldgelb backen. Sie schmecken warm und kalt.

TIPP

Abgekühlte Röllchen in einer Blechdose aufbewahren. So halten sie etwa 1 Woche. Filoteig ist hauchdünn gerollter Weizenteig. Er ist auch unter dem Namen Strudel- oder Yufkateig erhältlich.

KNUSPERSCHNITTEN

Sie sind ein Hingucker. Noch mehr, wenn Sie die Paprika in unterschiedlichen Formen ausstechen oder Gesichter aus Gemüse und Kernen gestalten.

100 g Salat-Kernmix
(z. B. Sonnenblumen-, Kürbis-
und Pinienkerne)
100 g zarte Haferflocken
100 g Weizenmehl (Type 1050)
Salz
50 ml Apfelsaft
50 ml Olivenöl
1–2 Paprika (siehe Tipp)

Für den Vorrat 🌿

Für 1 Backblech (ca. 28 Stück) |
20 Min. Zubereitung |
50 Min. Backen
Pro Stück ca. 65 kcal, 2 g EW,
4 g F, 5 g KH

1 Den Kernmix im Blitzhacker fein hacken. Mit Haferflocken, Mehl und 1 Prise Salz mischen.

2 200 ml Wasser aufkochen und zum Mehlmix gießen (Bild 1). Dann Saft und Öl dazugeben und alles mit dem Handrührgerät zu einem weichen Teig verrühren.

3 Für den Belag die Paprika halbieren, von den weißen Trennwänden und den Kernen befreien und waschen. Mit einem Plätzchen-Ausstecher kleine Herzen ausstechen (Bild 2).

4 Den Backofen auf 160° vorheizen. Ein Backblech mit Backpapier belegen. Den Teig auf das Blech streichen, am besten mit einer Teigkarte. Mit der Karte Rechtecke von 5 × 7 cm einritzen (Bild 3). Auf jedes Rechteck 1 Herzchen legen und gut andrücken. Den Teig im Ofen in ca. 50 Min. knusprig backen.

5 Das Blech herausnehmen und den Teig kurz abkühlen lassen. Dann an den markierten Stellen in Stücke brechen. Vollständig auskühlen lassen und in einer Blechdose aufbewahren.

TIPP Wählen Sie grüne, rote und gelbe Paprika für den Belag. Die Schnitten halten sich in einer Blechdose etwa 2 Wochen. Wenn Sie sie ohne Gemüse zubereiten, bleiben sie mindestens 1 Monat haltbar.

APFEL-BUCHWEIZEN-WAFFELN

100 g weiche Butter (ersatzweise Margarine) | 2 Eier | 200 g Apfelmus (ersatzweise Apfelmark) | je ½ TL gemahlene Kurkuma und edelsüßes Paprikapulver | Salz | 250 g Buchweizenmehll | 1 TL Backpulver | 250 g Süßkartoffeln | Apfelsaft nach Bedarf | Öl zum Einfetten

Vegan 🌿

Für ca. 7 Waffeln (35 Herzen) |
30 Min. Zubereitung
Pro Herz ca. 65 kcal, 1 g EW, 4 g F, 8 g KH

1 Die Butter mit den Eiern cremig rühren. Das Apfelmus mit den Gewürzen und 1 Msp. Salz dazugeben. Das Mehl mit Backpulver mischen und portionsweise unter den Teig rühren. Die Süßkartoffeln waschen, schälen, fein reiben und unterheben. Der Teig sollte zähflüssig sein. Falls nötig, noch etwas Apfelsaft dazugeben.

2 Das Waffeleisen aufheizen, gut einfetten und 1–2 EL Teig hineingeben. Das Eisen fest zudrücken und die Waffel in 5–8 Min. geoldgelb backen.

3 So nacheinander 7 Waffeln backen und auf einem Kuchengitter abkühlen lassen. Die Waffeln nach Belieben in Herzen schneiden.

TIPP

Möchten Sie auch eine süße Variante der Waffeln? Dann geben Sie statt der angegebenen Gewürze Zimt und Vanillepulver in den Teig. Übrige Waffeln lassen sich gut in einer Blechdose aufbewahren.

SCHOKOWAFFELN

50 g weiche Butter | 25 g Vollrohrzucker |
1 Ei | 125 g Vollkornmehl | 1 Msp. Backpulver |
1 TL Kakaopulver | 1 Msp. gemahlene Vanille |
25 g gemahlene Nüsse (nach Geschmack) |
200 ml Milch | 15 g Raspelschokolade |
Öl zum Einfetten

Viele Ballaststoffe 🌿

Für ca. 4 Waffeln (20 Herzen) |
30 Min. Zubereitung
Pro Herz ca. 70 kcal, 2 g EW, 4 g F, 6 g KH

1 Die weiche Butter mit dem Zucker cremig rühren. Das Ei dazugeben und gut unterschlagen.

2 Das Mehl mit Backpulver, Kakaopulver, Vanille und den Nüssen nach Belieben mischen. Portionsweise im Wechsel mit der Milch unter die Butter-Eier-Masse rühren. Zum Schluss die Schokolade unterrühren. Den Teig beiseitestellen und ca. 10 Min. quellen lassen.

3 Das Waffeleisen aufheizen. Mit wenig Öl einpinseln und 3–4 EL Teig hineingeben. Das Eisen schließen und die Waffel in 4–5 Min backen. Auf einem Kuchengitter abkühlen lassen. Die übrigen Waffeln genauso backen.

TIPP

Machen Sie ruhig die doppelte Menge Teig, er hält sich im Kühlschrank mindestens 3 Tage. Sie können auch Schokoladenreste schmelzen und unterziehen. Wer keinen Zucker verwenden möchte, kann ca. 30 g weiche Datteln pürieren und unterrühren. Für Apfelwaffeln Kakao, Schokolade und Nüsse weglassen, statt Milch Apfelsaft und 100 g geraspelten Apfel nehmen.

GRÜNES GLÜCK

1 reife weiche Avocado (150 g Fruchtfleisch) |
1–2 EL Zitronensaft | 5 Stängel Schnittlauch |
2 Scheiben Vollkorn-Toastbrot | Salz | Pfeffer

Gute Fette 🌿

Für 1 Kinder- und 1 Erwachsenenportion |
30 Min. Zubereitung
Insgesamt ca. 460 kcal, 7 g EW, 37 g F, 23 g KH

1 Avocado längs halbieren und den Kern entfernen. Das Fruchtfleisch aus der Schale heben und in
einer Schüssel mit einer Gabel zerdrücken, dabei
den Zitronensaft dazugeben. Schnittlauch waschen, trocken tupfen und in Röllchen schneiden.

2 Das Brot toasten. Avocadocreme daraufstrei-
chen. Mit Schnittlauch bestreuen. Den Toast für den
Erwachsenen salzen und pfeffern.

TIPP

Sie können unter den Belag 1 gehackte getrocknete Tomate mischen oder Kirschtomaten oder
Radieschenscheiben darauflegen. Süßlich wird
er mit Orangen- statt Zitronensaft und Obst.

SCHOKO-BANANEN-TOAST

1 große reife Banane (etwa 150 g) | 2 Scheiben
Vollkorn-Toastbrot | 1 Msp. Kakaopulver

Gesunde Süße 🌿

Für 1 Kinder- und 1 Erwachsenenportion |
20 Min. Zubereitung
Insgesamt ca. 240 kcal, 6 g EW, 3 g F, 47 g KH

1 Die Banane schälen und zwei Drittel davon mit
einer Gabel zu Mus zerdrücken. Die restliche Banane in Scheiben schneiden.

2 Die Brote toasten und mit Bananenmus bestreichen. Die Bananenscheiben darauf verteilen und
alles mit Kakaopulver bestäuben.

TIPP

Milder wird es mit Carobpulver. Und wer es
schokoladiger mag, streut je 1 TL Raspelscho-
kolade über die Toasts.

MANDEL-MANGO-TOAST

¼ Mango (etwa 100 g Fruchtfleisch) | 2 Scheiben Vollkorn-Toastbrot | 2 EL Mandelmus

Reich an Beta-Karotin 🌿

Für 1 Kinder- und 1 Erwachsenenportion |
15 Min. Zubereitung
Insgesamt ca. 445 kcal, 11 g EW, 26 g F, 42 g KH

1 Die Mango mit einem Sparschäler schälen. Das Fruchtfleisch vom Kern schneiden und in kleine Würfel schneiden.

2 Die Brote toasten. Mit Mandelmus bestreichen und mit den Mangostückchen toppen.

TIPP
Die Toasts schmecken auch mit Melone oder Pfirsich statt Mango. Und statt Mandelmus können Sie Tahin oder Erdnussmus nehmen.

HIMBEER-MASCARPONE-TOAST

100 g frische Himbeeren (ersatzweise TK) |
3 EL Mascarpone | 2 Scheiben Vollkorn-Toastbrot

Viele Ballaststoffe 🌿

Für 1 Kinder- und 1 Erwachsenenportion |
5 Min. Zubereitung
Insgesamt ca. 430 kcal, 8 g EW, 31 g F, 29 g KH

1 Falls Sie TK-Himbeeren verwenden, diese aus der Packung nehmen und auftauen lassen.

2 Die Brote toasten. Drei Viertel der Himbeeren mit dem Mascarpone mischen. Die Mascarponecreme auf den Toasts verteilen und mit den restlichen Himbeeren toppen.

TIPP
Alle diese Brote ersetzen den Getreide-Obst-Brei am Nachmittag. Zur Ergänzung können Sie noch ein paar Obststückchen extra dazulegen. Die Toasts schmecken auch gut mit Erd- oder Heidelbeeren. Und mit Sahnequark statt Mascarpone wird die Creme um einiges leichter.

MARMORKEKSE

250 g Mehl (Type 1050) | 1 Msp. gemahlene Vanille | 150 g Butter | 2 EL Agavendicksaft | 20 g gemahlene Mandeln | ½ TL Kakaopulver (ersatzweise 1 EL Carobpulver)

Schmecken jedem

Für ca. 50 Kekse | 30 Min. Zubereitung
Pro Keks 45 kcal, 1 g EW, 3 g F, 4 g KH

1 Das Mehl mit Vanille mischen. Die Butter in kleinen Flocken und den Agavendicksaft hinzufügen und alles zu einem geschmeidigen Teig kneten, diesen halbieren.

2 In die eine Teighälfte Mandeln, in die andere Hälfte das Kakaopulver einarbeiten.

3 Den Backofen auf 180° vorheizen und ein Blech mit Backpapier belegen. Beide Teige grob zusammenkneten, alles zu einer Rolle von ca. 3,5 cm ∅ formen und diese in knapp 1 cm dicke Scheiben schneiden. Die Scheiben auf dem Blech verteilen und im Ofen ca. 10 Min. backen.

TIPP

Für Erwachsene können Sie die Kekse würziger machen: Den Teig genauso zubereiten, dünn ausrollen und in Quadrate schneiden. Für das Topping 6 EL Honig erhitzen, mit 100 g Sahne ablöschen und diese karamellig einkochen lassen. 150 g Mandelblättchen und 40 g gehackte Nüsse unterheben. Honigmasse auf den Teigstücken verteilen und wie beschrieben backen.

APRIKOSENKEKSE

100 g getrocknete Soft-Aprikosen | ½ TL Zimt-pulver | 200 g weiche Butter | 300 g Mehl (Type 1050) | 1 Eigelb | 2–3 EL Milch

Verdauungsanregend 🌿

Für ca. 60 Kekse | 30 Min. Zubereitung |
1 Std. Kühlen
Pro Keks ca. 45 kcal, 1 g EW, 3 g F, 4 g KH

1 Die Aprikosen in Stückchen schneiden und glatt pürieren. Mit Zimt, der Butter in Stückchen und dem Mehl zu einem geschmeidigen Teig kneten. In Frischhaltefolie wickeln und für mindestens 1 Stunde, besser über Nacht, kalt stellen.

2 Den Backofen auf 180° vorheizen. Ein Back-blech mit Backpapier belegen. Den Teig 3–4 mm dick ausrollen, auf das Blech legen und in Rauten schneiden. Das Eigelb mit Milch verquirlen und die Kekse damit einpinseln. Im Ofen in ca. 10 Min. goldgelb backen.

TIPP

Weniger säuerlich schmecken die Kekse mit Datteln statt Aprikosen. Mit Margarine statt Butter und ohne Eigelb-Glasur sind sie vegan. Dann die Plätzchen statt mit Eigelb mit Soja-milch bestreichen.
Raffinierter für die Mutter wird's mit zusätzlich 100 g gemahlenen Haselnüssen, 100 g Zucker und je ½ TL Zimt-, Ingwer- und Nelkenpulver. Unter den Teig kneten, wenn nötig, etwas Was-ser hinzufügen, ausschneiden oder -stechen und backen. Kurz abkühlen lassen. Inzwischen 80 g Zartbitterschokolade grob hacken, mit 1 EL Butter über dem Wasserbad schmelzen und auf die Kekse streichen.

KIRSCHKUGELN

MÜSLI-BALLS

1 kleines Glas Schattenmorellen (180 g Abtropf-gewicht) | 100 g Soft-Datteln | 2 dünne Schei-ben Knäckebrot | 40 g Schokoladenreste | 60 g gemahlene Haselnüsse

100 g zarte Haferflocken | 100 g ganze unge-schälte Mandeln | ½ TL Zimtpulver | 100 g unge-schälter Sesam | 4 EL griechischer Joghurt | 4 EL Agavendicksaft

Saftig | Gehaltvoll

Viel Eisen

Für ca. 16 Stück | 30 Min. Zubereitung
Pro Stück ca. 60 kcal, 1 g EW, 3 g F, 6 g KH

Für ca. 50 Stück | 30 Min. Zubereitung
Pro Stück ca. 35 kcal, 1 g EW, 2 g F, 2 g KH

1 Von den Kirschen 16 Stück auswählen und ab-tropfen lassen. 50 ml Saft mit den Datteln pürieren. (Den Rest der Kirschen anderweitig verwenden.) Knäckebrot und Schokolade im Blitzhacker zu fei-nen Bröseln verarbeiten. Mit 40 g Nüssen zur Dat-telmasse geben und verkneten.

1 Haferflocken in eine Schüssel geben. Mandeln hacken und in einer Pfanne ohne Fett mit dem Zimt bei mittlerer Hitze ca. 2 Min. rösten. Dann den Se-sam dazugeben. Wenn es zu duften beginnt, die Mischung zu den Haferflocken geben und etwas abkühlen lassen.

2 Vom Teig 1 TL abnehmen, in die Handfläche le-gen und 1 Kirsche daraufsetzen. Teig um sie herum zu einer Kugel formen. Ist die Masse zu klebrig. die Hände etwas anfeuchten. So 16 Kugeln formen.

2 Joghurt und Dicksaft mit den Nüssen und Flo-cken verkneten. Aus der Masse ca. 50 kleine Ku-geln formen. In einer Dose im Kühlschrank aufbe-wahren. So halten sie sich ca. 1 Woche.

3 Die feuchten Kugeln in den übrigen Nüssen wäl-zen und trocknen lassen. Sie halten sich im Kühl-schrank ca. 7 Tage.

POPCORN-CROSSIES

je 2 EL Leinsamen und Sesam | 1 EL Rapsöl |
60 g Popcorn-Mais | 100 g weiße Kuvertüre

Knusperspaß 🌿

Für ca. 40 Stück | 25 Min. Zubereitung |
30 Min. Kühlen
Pro Stück ca. 30 kcal, 1 g EW, 2 g F, 2 g KH

1 Lein- und Sesamsamen in einer Pfanne ohne
Fett rösten, bis sie duften und springen, dann herausnehmen und abkühlen lassen. Jetzt das Öl in
die Pfanne geben und den Mais zugedeckt auf-
springen lassen, ebenfalls abkühlen lassen.

2 Die Kuvertüre über dem Wasserbad schmelzen.
Nach und nach Popcorn und Saaten unterrühren.
Wenn alles dünn mit Kuvertüre überzogen ist, mit
zwei Teelöffeln kleine Häufchen auf Backpapier
setzen und erkalten lassen. In einer Keksdose halten die Crossies 2–3 Wochen.

ROSINENRIEGEL

180 ml Mandeldrink | 40 g Vollkorngrieß |
1 EL Carobpulver | 1 Msp. gemahlene Vanille |
80 g Walnusskerne | 40 g Rosinen | 4 recht-
eckige Backoblaten (20 × 12 cm)

Für unterwegs 🌿

Für ca. 24 Stück | 25 Min. Zubereitung |
1 Std. Kühlen
Pro Stück ca. 35 kcal, 1 g EW, 2 g F, 3 g KH

1 Mandeldrink mit dem Grieß aufkochen, unter
Rühren in 2 Min. dick einkochen lassen. Carob
und Vanille dazugeben.

2 Walnüsse mit den Rosinen sehr fein hacken
(eventuell im Blitzhacker oder mit dem Pürierstab)
und unterziehen.

3 Die Masse auf 2 Backoblaten verteilen und glatt
streichen, die anderen 2 Oblaten darauflegen und
andrücken. Erkalten lassen, dann in 3 × 6 cm große
Streifen schneiden. Die Riegel bleiben im Kühlschrank 1 Woche frisch.

REGISTER

Damit Sie Rezepte mit bestimmten Zutaten noch schneller finden, sind in diesem Register auch beliebte Zutaten wie **Apfel** oder **Kürbis** alphabetisch eingeordnet und hervorgehoben. Darunter finden Sie das Rezept Ihrer Wahl. Vegetarische Rezepte, die im Buch mit einem 🍃 gekennzeichnet sind, sind hier grün abgesetzt.

Projektleitung: Sigrid Burghard
Lektorat: Adelheid Schmidt-Thomé
Korrektorat: Petra Bachmann
Innen- und Umschlaggestaltung: independent Medien-Design, Horst Moser, München
Illustrationen: Maria Baus
Herstellung: Renate Hutt
Satz: Kösel, Krugzell
Reproduktion: Repro Ludwig, Zell am See
Druck und Bindung:
Schreckhase, Spangenberg
Syndication:
www.seasons.agency
Printed in Germany

1. Auflage 2017
ISBN 978-3-8338-6183-3

 www.facebook.com/gu.verlag

GRÄFE
UND
UNZER

Ein Unternehmen der
GANSKE VERLAGSGRUPPE

Die Autorin

Dagmar von Cramm, Freiburger Diplom-Ökotrophologin und gefragte Ernährungsexpertin. In zahlreichen Büchern und Zeitschriften veröffentlicht sie zum Thema Gesundheit, Kochen und Ernährung. Sie nimmt an wissenschaftlichen Symposien teil, tritt im TV auf, ist Mitglied im Präsidium der Deutschen Gesellschaft für Ernährung und Präsidentin der Stiftung »Besser essen. Besser leben«. Bei diesem Buch gilt ihr Dank Anna Paki für ihre Mitarbeit. www.dagmarvoncramm.de

Die Fotografin

Anke Schütz arbeitet in ihrem Studio in Buxtehude für namhafte Verlage und Zeitschriften im Food- und Lifestyle-Bereich. Zusammen mit **Diane Dittmer** (Foodstyling) **Kirsten Petersen, Tania Schultz** (Assistenz) und den beiden Models **Frieda und Noah** verwandelte sie ihr Fotostudio in einen kulinarischen Mama-Baby-Traum.

Bildnachweis

Coverfoto:
Wolfgang Schardt, Hamburg;
Autorenfoto:
Max Plenge, LitVideo;
alle anderen Fotos:
Anke Schütz, Buxtehude

QUALITÄTS
G|U
GARANTIE

Liebe Leserin, lieber Leser,

haben wir Ihre Erwartungen erfüllt? Sind Sie mit diesem Buch zufrieden? Haben Sie weitere Fragen zu diesem Thema? Wir freuen uns auf Ihre Rückmeldung, auf Lob, Kritik und Anregungen, damit wir für Sie immer besser werden können.

GRÄFE UND UNZER Verlag
Leserservice
Postfach 86 03 13
81630 München
E-Mail:
leserservice@graefe-und-unzer.de

Telefon: 00800 / 72 37 33 33*
Telefax: 00800 / 50 12 05 44*
Mo–Do: 9.00 – 17.00 Uhr
Fr: 9.00 – 16.00 Uhr
(* gebührenfrei in D, A, CH)

Ihr GRÄFE UND UNZER Verlag
Der erste Ratgeberverlag – seit 1722.

Titelrezept
Süßkartoffelpommes (S. 38)

Umwelthinweis:
Dieses Buch ist auf PEFC-zertifiziertem Papier gedruckt.

Backofenhinweis:
Die Backzeiten können je nach Herd variiieren. Unsere Temperaturangaben beziehen sich auf das Backen im Elektroherd mit Ober- und Unterhitze.

Appetit auf mehr?

ISBN 978-3-8338-3968-9

ISBN 978-3-8338-6261-8

ISBN 978-3-8338-5014-1

ISBN 978-3-8338-0311-6

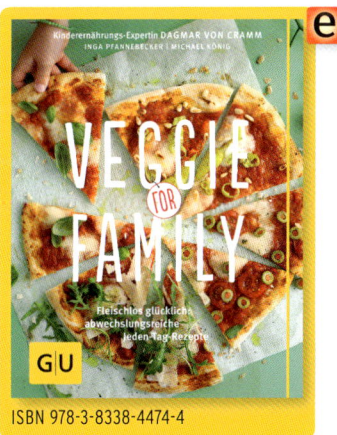

ISBN 978-3-8338-4474-4

ISBN 978-3-8338-4307-5

MUTTER-KIND-SMOOTHIES

Viele Nährstoffe! Fürs Kind (ab 1 Jahr) gibt's Mus zum Löffeln und für die Mutter wird es mit einem Schuss Wasser zu einem energiespendenden Drink.

GRÜNE WUCHT

Für 1 Kind-Erwachsenen-Portion 2-3 große Außenblätter von 1 Chinakohl (etwa 140 g) abbrausen und grob zerkleinern. Etwa 300 g Fruchtfleisch von 1 Honigmelone in Stücke schneiden. ½ kleine Avocado schälen. Alles im Mixer zu einem Mus pürieren. Ein Drittel fürs Kind abnehmen. Den Rest für den Erwachsenen mit Wasser auf die gewünschte Trink-Konsistenz verdünnen und mit etwas Zitronensaft abschmecken. Statt Chinakohl können Sie auch Grünkohl, Spinat oder Feldsalat für den Drink verwenden.

BLAUES WUNDER

Für 1 Kind-Erwachsenen-Portion 150 g frische Heidelbeeren waschen. Tiefgefrorene Beeren aus der Packung nehmen und antauen lassen. 150 g Pastinaken waschen, schälen und in grobe Stücke schneiden. Mit 150 ml Mandeldrink in den Mixer geben und alles cremig pürieren. Fürs Kind ein Drittel vom Smoothie abnehmen. Den Drink für den Erwachsenen mit Wasser auf die gewünschte Konsistenz verdünnen.
Statt nur mit Heidelbeeren können Sie den Smoothie auch mit gemischten Beeren zubereiten.

ROTES GLÜCK

Für 1 Kind-Erwachsenen-Portion 150 g Erdbeeren waschen und putzen. 150 g Tomaten waschen und in grobe Stücke schneiden, dabei die Stielansätze entfernen. 150 g Wassermelone schälen und entkernen. Alles im Mixer pürieren. Fürs Kind ein Drittel abnehmen. Zum Rest 1 Stück geschälten Ingwer durch die Knoblauchpresse drücken, noch einmal kurz mixen und den Drink mit Wasser auf Trink-Konsistenz verdünnen. Sie können auch TK-Erdbeeren verwenden. Sättigender wird der Smoothie mit 1 EL Mandelmus.

»Aber Freundinnen sind keine Familie«, blieb sie am Ball.

Zum Glück, dachte ich und sagte: »Und Johannes ist auch noch da«.

»Aber er könnte einmal … weg sein.«

»Ja.«

Sie rang nach Worten: »Familienbande sind doch etwas ganz anderes.«

»Gewiss«, sagte ich. Familienbande sucht man sich nicht aus. Sie sind unfreiwillig, gezwungen; wenn man Pech hat, kämpft man sein ganzes Leben lang mit einer beschissenen Kindheit.

»Als Familie hält man einfach zusammen«, führte sie aus.

Ich nickte. Weil man muss, weil es sich so gehört, weil man aneinandergekettet ist, weil man sonst ein schlechtes Gewissen hat, weil die Familie das Rudel ist, und ganz tief drin sind wir wie Tiere und folgen der Fährte unserer Gene. Freundschaft ist freiwillig. Also geht man sehr achtsam damit um. Menschen, die sich so behandeln, wie es in Familien oft gang und gäbe ist, wären nicht befreundet, sondern würden sich aus dem Weg gehen.

»Wenn ich gelegentlich von Frauen in meinem Alter höre, die keine Kinder haben, tun sie mir immer leid, die Armen«, sagte meine Mutter.

Mir taten manche meiner Freundinnen leid, die geradezu zerfressen waren von den Sorgen um ihre Kinder. Drogen, Streit, Magersucht. Und mir taten die Frauen leid, die ihr Lebensglück auf die Schultern ihrer Kinder legten, und ihre Kinder auch. Aber für viele Frauen wie meine Mutter waren Kinder eben eine Art Leiter zur Ebenbürtigkeit mit dem Mann.

Meine Mutter legte ihre Hand auf meine. »Kinder sind einfach das größte Glück im Leben, und es macht mich so traurig«, sie schniefte, »dass du keine hast.«

»Ich hab ja meine Bücher«, verschanzte ich mich in der Sachebene.

Es rührte mich, wie meine Mutter jede Sekunde unseres Wellnessaufenthaltes genoss, und sie war voll des Lobes für alle Servicemitarbeiter, als wären ihre Dienstleistungen Geschenke. Vielleicht fühlte sich die freie Zeit so für sie an. Einmal nicht kochen, Tisch decken, abräumen, aufräumen, putzen … zu Hause gab es nie eine Pause. Auch wenn mein Vater nicht dement wäre, würde er mitnichten auf die Idee kommen, im Haushalt zu helfen, das wäre ja, als würde er ein rosa Täschchen durch die Münchner Innenstadt schlenkern. Die Küche betrat er nur, wenn er die Temperatur einer Flasche Wein überprüfen wollte, die selbstverständlich meine Mutter in den Kühlschrank gestellt hatte – auf seine Bitte hin.

Beim Dessert wirkte meine Mutter auf einmal ein wenig bedrückt. Musste sie Papa anrufen, um aufzuladen?

»Was ist?«

»Nichts.«

»Raus damit.«

»Ich will dir den Abend nicht verderben.«

»Jetzt bin ich aber gespannt.«

»Nein, es geht mich ja auch nichts an.«

Ich wartete.

Sie seufzte schwer. »Also, es ist, weil ich mir überlege, wie das mal wird, wenn du so alt bist wie ich. Wo du doch keine Kinder hast. Wer fährt denn dann mit dir zum Wellness und kümmert sich um dich? Du hast ja niemanden. Du bist ganz allein. Das ist schrecklich für mich.« Ihre Augen schimmerten feucht. Und sie hatte recht. Es war schrecklich. Denn wenn ich ihr darauf ehrlich antworten würde, wäre unser beider Abend verdorben. So hielt ich es wie ein Elternteil, der sein Kind vom Kummer ablenken möchte.

»Ich hab ja meine Freundinnen«, sagte ich locker in der Hoffnung, das Thema damit abzuschließen.